MEDITAÇÃO

Mindfulness Para Iniciantes Para Remover O Estresse

(Guia De Atenção Plena Para Autodisciplina E Sucesso)

Jurek Duda

Traduzido por Daniel Heath

Jurek Duda

Meditação: Mindfulness Para Iniciantes Para Remover O Estresse (Guia De Atenção Plena Para Autodisciplina E Sucesso)

ISBN 978-1-989837-44-3

Termos e Condições

De modo nenhum é permitido reproduzir, duplicar ou até mesmo transmitir qualquer parte deste documento em meios eletrônicos ou impressos. A gravação desta publicação é estritamente proibida e qualquer armazenamento deste documento não é permitido, a menos que haja permissão por escrito do editor. Todos os direitos são reservados.

As informações fornecidas neste documento são declaradas verdadeiras e consistentes, na medida em que qualquer responsabilidade, em termos de desatenção ou de outra forma, por qualquer uso ou abuso de quaisquer políticas, processos ou instruções contidas, é de responsabilidade exclusiva e pessoal do leitor destinatário. Sob nenhuma circunstância qualquer, responsabilidade legal ou culpa será imposta ao editor por qualquer reparação, dano ou perda monetária devida às informações aqui contidas, direta ou indiretamente. Os respectivos autores são proprietários de todos os direitos autorais não detidos pelo editor.

Aviso Legal:

Este livro é protegido por direitos autorais. Ele é designado exclusivamente para uso pessoal. Você não pode alterar, distribuir, vender, usar, citar ou parafrasear qualquer parte ou o conteúdo deste ebook sem o consentimento do autor ou proprietário dos direitos autorais. Ações legais poderão ser tomadas caso isso seja violado.

Termos de Responsabilidade:

Observe também que as informações contidas neste documento são apenas para fins educacionais e de entretenimento. Todo esforço foi feito para fornecer informações completas precisas, atualizadas e confiáveis. Nenhuma garantia de qualquer tipo é expressa ou mesmo implícita. Os leitores reconhecem que o autor não está envolvido na prestação de aconselhamento jurídico, financeiro, médico ou profissional.

Ao ler este documento, o leitor concorda que sob nenhuma circunstância somos responsáveis por quaisquer perdas, diretas ou indiretas, que venham a ocorrer como resultado do uso de informações contidas neste documento, incluindo, mas não limitado a, erros, omissões, ou imprecisões.

Índice

Parte 1 .... *1*
Introdução *2*
O Que É Meditação E Como Você Pode Meditar 3
MEDITAÇÃO CAMINHANDO 9
MEDITAÇÃO RESPIRATÓRIA 10
MEDITAÇÃO EM MOVIMENTO 13
USANDO VISUALIZANDO UM OBJETO 14
MEDITAÇÃO GUIADA 15
USE ROUPAS CONFORTÁVEIS 22
ESCOLHA UMA POSIÇÃO 23
TENHA UM PROPÓSITO 24
MANTENHA OS OLHOS FECHADOS 24
Conclusão *34*
Parte 2 .... *36*
Introdução *37*
Capítulo 1: Uma Visão Geral Da Meditação *38*
Capítulo 2: Dicas Para Meditação Bem-Sucedida *45*
Capítulo 3: Técnicas Básicas De Meditação *50*
TÉCNICA DE MEDITAÇÃO BÁSICA 50
MEDITAÇÃO DA ATENÇÃO PLENA 52
MEDITAÇÃO COM MANTRA 54
Capítulo 4: Técnicas De Meditação Tai Chi *57*
TÉCNICA DE RESPIRAÇÃO TAI CHI 58
TÉCNICA DE MEDITAÇÃO TAI CHI EM PÉ 58
MOVIMENTOS DE ABERTURA E FECHAMENTO 61
Capítulo 5: Técnicas Modernas E Não Convencionais De Meditação *63*
NOVAS EXPERIÊNCIAS 64
MEDITAÇÃO DE GRATIDÃO 65
Conclusão *67*

Parte 1

Introdução

Todos nós queremos ter uma vida mais feliz e sem estresse; no entanto, a maioria das pessoas não sabe como fazer isso. Pensa-se que para viver uma vida mais feliz, é necessário possuir bens materiais em grandes quantidades. Isso é compreensível porque, como seres humanos, cometemos o erro de pensar que para sermos felizes, termos uma vida pacífica e livre de estresse, precisamos de todos os bens materiais que queremos. No entanto, isso está completamente equivocado. É necessário entender que a felicidade não vem do que você tem, mas sim do que há dentro de si, e enquanto não enxergar isso, você estará constantemente procurando ter bens materiais para ser feliz e acredite você passará sua vida inteiro buscando a felicidade e nunca encontrará.

A única maneira de alcançar a felicidade é encontrando a paz interior, e a meditação te ajuda a encontrar esta paz, praticando somente poralguns minutos diariamente, irá conseguiracalmar a mente de todos os prazeres e tensões da vida.

Apesar de a meditação sercrucial para alcançar a paz, o maior problema é que a maioria das pessoas não sabe por onde começar quando se trata deste assunto. Este livro é justamente para pessoas que nãosabem por onde começar, pois aqui você encontrará as diferentes técnicas de meditação existentes, o que fazer antes de meditar e como sair do estado meditativo.

O que é meditação e como você pode meditar

Muitas pessoas acreditam que a palavra 'meditação' significa o simples ato de 'pensar em algo'. No entanto, a meditação é mais profunda do que isso - é o estado de ser que permite esvaziar sua mente, olhar para dentro e despertar sua consciência interior de tal forma que você será capaz de efetuar uma mudança positiva em sua vida. A meditação é um processo que se concentra em algo singular, pois todo o resto está fadado à inexistência. Além disso, os benefícios trazidos pela meditação fazem o processo valer a pena. Alguns dos benefícios da meditação são:

1. Ajuda a normalizar sua pressão sanguínea.
2. Reduz muito seus níveis de estresse.
3. Ajuda você a espantar a insônia e dormir melhor.
4. Melhora sua memória e aumenta sua função cerebral.
5. Proporciona calma interior e ajuda a alcançar a paz interior.
6. Traz felicidade interior.
7. Aumenta sua força de vontade e ajuda você a alcançar seus objetivos.
8. Diminui o risco de depressão, especialmente em adolescentes e mulheres grávidas.
9. Ajuda a compreender-se e a liberar seu potencial.
10. Melhora sua saúde em geral e reduz o risco de doenças como derrame e ataque cardíaco.

Os benefícios da meditação parecem maravilhosos, não é mesmo? Claro que sim! A meditação é boa para a saúde física e mental. E isso certamente é ótimo para sua carteira, já que você não precisará gastar dinheiro com tratamentos e remédios para curar doenças. No entanto, isso pode deixá-lo imaginando como fazer para meditar a fim de experimentar estes incríveis benefícios. Vou te mostrar!

Como Meditar

Existe uma maneira fácil de se meditar. Isto é:

1. Sente-se ou deite-se em uma superfície plana.
2. Feche seus olhos (para evitar distrações).
3. Respire naturalmente - do jeito que você normalmente respira.
4. Concentre-se em sua respiração - a maneira como você inala e exala, sem fazer com que o ritmo seja alterado. Se você é um iniciante, comece com um período de 3 minutos ou menos e aumente gradualmente o tempo de meditação.

Esta é uma maneira simples de conseguir meditar. No entanto, existem outras maneiras de meditar. Essas formas dependem do tipo de técnica de meditação que você usa. Tenha em mente que a meditação existe há séculos e ao longo dos anos, várias técnicas foram criadas. O próximo capítulo examinará as diferentes técnicas de meditação que você pode usar.

Técnicas de Meditação para Alcançar a Paz e a Felicidade Internas

Existem diversas técnicas de meditação à sua disposição. Você pode avaliar as diferentes técnicas e escolher aquelas que são mais adequadas para você.

Meditação Transcendental (Mantra)

Você provavelmente já está familiarizado com a meditação transcendental, também conhecida como meditação utilizando mantras. É uma técnica de meditação comumente mostrada na televisão e nos filmes em que, por exemplo, um monge está meditando enquanto repete o som 'hum'. A meditação por mantras envolve a repetição de um som, uma palavra ou até mesmo uma frase de sua escolha para alcançar um nível mais profundo de

consciência e concentração. Comece a técnica do Mantra por:
1. Decida uma palavra, som ou frase que você irá usar. Certifique-se de que não seja muito longo, pois você usará repetidamente e não deve perder a concentração. Uma única palavra como "calma" é suficiente.
2. Repita silenciosamente a palavra escolhida e sinta-a enquanto ela se movesse dentro de sua mente. Se sua mente tende a desviar a repetição do mantra, volte a focar e continue com a palavra. O mantra que você escolhe funciona para causar uma desconexão entre seus pensamentos e você, criando vibrações mentais.
3. Continue repetindo o mantra até que não seja mais necessário - isto é, até alcançar o estado de consciência profunda.

Visualização
A mente humana tem a capacidade de visualizar e criar espaços que são exclusivamente próprios. Este é o conceito da técnica de visualização. Ela exige que

você visualize um lugar seguro em que você poderá criar (pode ser baseado em um lugar real, mas você deve modificar os detalhes para refletir sua personalidade e singularidade). Ao usar essa técnica, você deve:

1. Visualizar o local e assumi-lo como como um lugar seguro - seu santuário pessoal. Este é o lugar em sua mente onde só você tem controle.

2. Aventure-se enquanto você explora este lugar que você mesmo criou. Use seus sentidos para ver, cheirar e até provar. Depois de criar o local inicial de seu santuário, você não precisa pensar nos mínimos detalhes. Em vez disso, deixe as imagens saírem do fundo da sua mente - veja aquilo que você não tinha colocado conscientemente.

3. Quando você terminar de explorar ou quando quiser sair do lugar, não faça isso abruptamente. Em vez disso, reserve um tempo para respirar fundo. Abra os olhos devagar e volte ao mundo físico. Você pode então decidir se quer manter o local

como seu santuário ou se deve construir um novo quando meditar na próxima vez.

Meditação Caminhando

Meditação caminhando não implica apenas em andar como você faz normalmente. Não, envolve uma técnica que você deve usar para atingir seus objetivos de meditação. É de uma maneira que difere da sua caminhada normal, pois é uma técnica de meditação e, em vez de se concentrar em mover-se de um lugar para outro, você se concentra na conexão de seu corpo e pés com a terra. Você precisará:

1. Encontrar um local adequado para realizar sua meditação. Esta deve ser uma área ampla o suficiente para garantir que você não esbarre nos cantos - deve ter pelo menos mais de seis passos. Você também deve garantir que o local não tenha objetos pontiagudos ou objetos protuberantes que possam lhe machucar.

2. Depois de encontrar um caminho adequado para caminhar, junte suas mãos próximas ao coraçãoe olhe para frente - não mantenha os olhos nos pés ou em

onde pisa. Comece sua meditação andando, movendo um pé de cada vez - mova um pé, pare um pouco e mova o outro pé. Não mova os pés em sequência, pare um pé antes de mover o outro. Enquanto anda, concentre-se apenas no movimento dos seus pés.

3. No final do seu caminho, pare antes de virar-se para continuar no sentido contrário. Use a mesma técnica de caminhada que você usou para retornar ao ponto de partida.

Meditação Respiratória

Respirar é algo que raramente pensamos a respeito. Não nos damos conta de que sem a respiração, não conseguiríamos pensar em nada. A facilidade com que nosso corpo realiza a função respiratória torna a meditação respiratória uma das técnicas mais básicas de meditação que os iniciantes podem facilmente entender. Essa técnica exige apenas que você respire e concentre sua atenção nessa atividade específica. Seguem aqui as instruções:

1. Imagine seu estômago em sua mente (não olhe para seu estômago real). Em

seguida, dê um zoom em uma área específica acima do umbigo que servirá como seu ponto focal - o ponto em que você focará sua atenção.

2. Respire como você faz normalmente, imaginando seu ponto focal subindo e descendo em cada respiro e suspiro que você dá. Não comece a criticar a forma em que você respira, nem tente alterá-la conscientemente. Ao invés disso, apenas foque em sua respiração sem fazer qualquer ação e mantenha sua mente vazia.

3. Se você achar difícil focar em seu ponto focal (o ponto acima do umbigo), use uma imagem para tornar a imagem mais viva. Imagine uma flor no seu ponto focal - imagine-a ao se desabrochar e brochar a cada exalação e inalação, respectivamente. Use uma imagem que represente sua respiração sem interferir nela. Por exemplo, se você usar a imagem de um balão, poderá ficar tentado a colocar mais ar inconscientemente, alterando seu padrão respiratório.

Caso você se distraia, traga seu pensamento e foco para sua respiração e recomece o procedimento.

Meditação Espiritual

Espiritualidade é um conceito com o qual a maioria das pessoas no mundo está familiarizada. Mesmo aqueles que não vão regularmente a locais de culto têm uma ideia de como fazer uma oração. A meditação espiritual é basicamente uma extensão da sua oração. No entanto, em vez de acabar a oração e ir embora, você deve seguir com um período de quietude - apenas sentado em silêncio. Para começar sua meditação espiritual, você deve:

1. Encontrar um local adequado, onde você estará livre de distrações. Se você estiver em casa, escolha um lugar calmo e desligue o rádio e a televisão. Se houver outras pessoas por perto, diga-lhes que você não deve ser incomodado enquanto estiver meditando.

2. Imaginar o clima que permeia em um local de adoração e deixar que os sentimentos lhe percorram. Isso colocará sua mente em um quadro espiritual. Você

pode sussurrar ou cantar algumas músicas ou até mesmo ler um verso de um livro religioso antes de fazer uma oração.

3. Fazer sua oração normalmente, ou crie uma nova oração com suas próprias palavras à medida que elas lhe ocorrem. Depois que você terminar de orar, fique onde está e continue meditando.

Meditação em Movimento

Se você ficou parado a maior parte do dia, provavelmente não quer ficar parado por mais tempo para meditar. Felizmente, você não precisa, pois há uma técnica de meditação que envolve o movimento. Na verdade, a meditação andando já abordada se enquadra nessa categoria. Meditação em movimento também pode envolver atividades como a limpeza de sua casa, jardinagem, ciclismo e até yoga. Parameditar em movimentovocê deve:

1. Escolher uma atividade que vai exigir que você se mova.

2. Concentrar-se em seus movimentos e nada mais. Por exemplo, se você estiver varrendo sua casa, concentre-se em como

a vassoura está se movendo na superfície do que você está limpando.

Esta é uma das maneiras mais fáceis de meditar, pois você não precisa se sentar, mas sim focar no que está fazendo para alcançar a paz interior. Embora seja muito fácil de fazer, pode ser bastante distrativo; portanto, você realmente precisa ser disciplinado para se concentrar nos movimentos da atividade e não no que deve fazer em seguida.

Usando visualizando um objeto

Esse tipo de técnica de meditação envolve o uso de um objeto visual para ajudá-lo a atingir um nível mais profundo de consciência. Você mantém os olhos abertos e se concentra no objeto que você escolheu. A primeira coisa que você precisa fazer é:

1. Decidir qual será seu objeto. Este é o objeto que você estará focando enquanto medita. Você pode acender uma vela e se concentrar em sua chama ou você pode escolher uma pedra ou até mesmo uma flor para olhar. Tenha cuidado ao usar

fotos, pois você não quer que sua mente comece a analisar as imagens.
2. A segunda coisa que você precisa fazer é colocar o objeto visual onde você pode facilmente vê-lo sem se contorcer ou se esticar.
3. Agora, você pode começar a olhar para o seu objeto. Concentre-se nele e não deixe seus olhos se desviarem. O objetivo é ter sua visão focada no objeto e nada mais. Isso ajudará você a chegar na serenidade que é alcançada por meio da meditação.

Meditação Guiada

Se você não tem certeza de onde começar ou qual técnica usar, você pode optar pela meditação guiada. A meditação guiada é uma técnica de meditação que envolve o uso de um profissional ou guia para ajudá-lo em sua jornada de meditação. Pode ser empregada uma das técnicas de meditação já mencionadas, a única diferença é que alguém irá guiá-lo, daí o termo.Para utilizar esta técnica:

1. Procurepor aulas de meditação em sua região, assim poderá conhecer o local e ver se você se identifica com o local.
2. Faça perguntas sobre as técnicas de meditação que eles usam e escolha uma aula em que você se sinta confortável.
3. Garanta que você seguirá as instruções dadas para ajudá-lo a meditar.
4. Não tenha medo de experimentar diferentes aulas e técnicas até se sentir confortável o suficiente para executá-las sozinho.

Como pode ver, existem diversas técnicas de meditação que você pode usar. O importante é lembrar que, seja qual for a técnica escolhida, ela deve servir para ajudá-lo a meditar melhor. Pode demorar um pouco para experimentar todas até encontrar uma técnica que funciona para você. Entretanto, não descarte a meditação de primeira só porque você tem dificuldade em alcançá-la. Comece devagar e aumente seu tempo de meditação aos poucos, pois o seu tempo de meditação e concentração vai aumentar gradativamente com a prática.

Saber como meditar e a técnica de meditação que você quer usar é ótimo, mas você também precisa saber como se preparar para meditar.

Como se preparar para a meditação
Meditação não é um momento; é uma jornada. E como qualquer outra jornada, você precisa se preparar bem para alcançar o máximo sucesso. Existem vários passos que você pode tomar para se preparar para a meditação.

Escolha o local
O local escolhido para a sua meditação determinará seu sucesso ou fracasso, especialmente como iniciante. Isso ocorre porque a meditação é focada de dentro para fora. Sua mente e estímulos o impulsarão a negar este exercício, forçando você a dar atençãoao que está acontecendo ao seu redor. Você precisa encontrar um local que seja:

1. Pacífico e convidativo

A área que você pretende meditar deve ser uma área que lhe agrade, que faça você querer tirar seus sapatos e relaxar.

Pode ser um local dentro ou fora de sua casa. Se você estiver usando um quarto dentro de sua casa, assegure-se de que esteja bem ventilado. As janelas e a porta devem estar presas para evitar que batam, pois isso interferirá na sua meditação. Se você estiver meditando do lado de fora, escolha um local que fique longe do barulho do trânsito. Se você estiver pensando em meditar debaixo de uma árvore, certifique-se de que não tenham pássaros ou você pode acabar sendo alvo de seus dejetos.

2. Silencioso

O local escolhido deve ser relativamente silencioso para permitir que você se concentre em sua meditação. Desligue coisas como rádio e televisão, pois elas podem distraí-lo, especialmente se você costuma prestar atenção no que está ligado. No entanto, você pode meditar em áreas com ruído relativo, especialmente se você estiver acostumado com o barulho, por exemplo, de um relógio, um cachorro latindo ou até mesmo uma música suave tocando (o som deve ser baixo o suficiente para que o seu cérebro não se concentre nas palavras que estão sendo cantadas). A meditação exige que você escute os barulhos sem deixá-los tirar o foco de seus pensamentos.

3. Conforto

Durante a meditação, você pode se deitar, sentar em uma esteira ou sentar em uma cadeira. Você precisa encontrar um lugar onde possa ficar confortavelmente na posição desejada. Se você quiser se deitar em uma cama, seria complicado levar sua cama para fora de casa toda vez que quisesse meditar. Se você quiser se sentar em uma cadeira especial, você pode colocá-la em um local que sirva como sua área de meditação.

Escolha o horário ideal

A escolha do horário ideal é importante, pois ajudará a relaxar a mente, de modo que você possa se concentrar em sua meditação. Um horário conveniente pode ser alguns minutos depois de você acordar ou alguns minutos após o pôr do sol. Algumas pessoas meditam na hora do almoço, pois esse é o horário conveniente para elas. Se você escolher outros horários, poderá ser no início da manhã antes que os outros acordem, por exemplo. Além de escolher o horário ideal, deve-se:

1. Determinar o tempo de sua meditação

O tempo que você levará para meditar depende do estágio em que você está em sua meditação. Se você está no estágio inicial, você deve começar com um período de tempo de menos de cinco minutos. À medida que você continua melhorando e se acostumando, aumente gradualmente seu tempo de meditação. Mesmo aqueles que são bem experientes em meditação não costumam meditar mais de vinte minutos. No entanto, eles podem meditar mais de uma vez ao dia.

2. Continue!

Normalmente, quando você começa algo e não funciona, você fica desanimado. Se você definir uma meta de quatro minutos, mas só conseguir meditar por três minutos, não reduza seu tempo. Apenas mantenha seu objetivo em quatro minutos e se esforce para alcançá-lo quando meditar da próxima vez. Tenha em mente que quando você é novo em algo que você precisa persistir até que você fique melhor, tornando tudo mais fácil.

3. Acompanhe o tempo sutilmente

Acompanhar o cronômetro quando você está exercendo uma atividade pode tornar-se um empecilho por ser uma distração. Se você continuar checando no cronômetro, então você está interferindo a sua meditação e trabalhando contra seu propósito que é meditar. Não use um relógio. Em vez disso, coloque um alarme para o horário que você deseja finalizar. Certifique-se de que o alarme não tocará muito alto, e sim suavemente, para que você não termine meditação abruptamente.

4. Minimize as chances de perturbação

Muitas pessoas, especialmente os iniciantes, tem sua meditação interrompida devido à perturbação de outras pessoas. Você pode perceber que, depois de começar a meditar, o telefone toca ou alguém lhe faz uma pergunta. Você pode evitar isso avisando aos outros que você não deve ser incomodado em certos momentos, pois você não estará disponível. Isso pode exigir que você desligue o celular, mas lembre-se de ligá-lo novamente quando terminar a meditação.

Use roupas confortáveis

Roupas apertadas podem prejudicar qualquer atividade. Mas quando a atividade envolvida exige que você relaxe, você deve garantir que o que veste não interfira no seu relaxamento. Uma gravata, um cinto apertado, roupas que te apertam quando você está em certas posturas devem ser evitadas. Por este motivo, você deve:

* Escolher roupas que não lhe apertem. Calças de ginástica e uma camiseta podem ser suficientes. No entanto, você também levar em consideração o tempo. Se você estiver meditando em elevadas temperaturas, use roupas leves. Se o tempo estiver frio, use roupas quentes para se proteger do frio.

* Improvise quando você não for capaz de usar roupas confortáveis. Por exemplo,

você pode usar seu escritório de trabalho para meditar quando estiver em um intervalo. Se este for o caso, tire os sapatos; afrouxe seus botões ou sua gravata e seu cinto antes da meditação.

Escolha uma posição

Esqueça as posturas de meditação que você vê na televisão, especialmente se seu corpo não estiver acostumado a tais tipos de alongamentos. A meditação deve ser feita em um ambiente descontraído e não incomodo. No entanto, seja qual for a postura que você escolher, você deve pelo menos ser equilibrado e direto. Você pode:

* Sentar-se em uma esteira ou almofada - sem cruzar as pernas

* Sentar-se em uma cadeira - usando-a como sua cadeira de meditação. Você pode comprar uma cadeira especial apenas para meditar.

* Deitar-se em uma superfície confortável. Certifique-se de que a superfície não esteja muito dura ou você pode acabar sentindo dores depois de terminar a meditação.

Seja qual for a posição escolhida, assegure-se de estar confortável e de poder manter a posição durante o período da meditação.

Tenha um propósito

A meditação nunca foi um processo passivo. Você tem que se esforçar ativamente para concentrar seus pensamentos em um ponto singular. Isso não é uma coisa fácil de se fazer, daí o aumento gradual no tempo de meditação. Entretanto, se você tem um propósito, uma razão para se envolver com a meditação, você estará mais focado, pois você vai querer alcançar esse propósito. Se você deseja alcançar paz e felicidade através da meditação, antecipar os benefícios irá mantê-lo no caminho certo mesmo que tenha algumas dificuldades.

Mantenha os olhos fechados

Ao iniciar sua meditação, mantenha os olhos fechados para bloquear as imagens ao seu redor e para ajudá-lo a se concentrar em seu eu interior. Fechar os olhos ajuda a não distrair-se com coisas ao seu redor. No entanto, algumas pessoas têm dificuldade em se concentrar com os olhos fechados, pois sentem a sensação de estarem caindo. Se mantiveros olhos fechados for um problema para você, faça sua meditação com os olhos abertos ou acenda uma vela e mantenha o foco na chama.

Como na maioria das técnicas, existem outras maneiras (ou opções) que podem te auxiliar a aumentar a eficácia de sua meditação. Encontrar a opção que faça se sentir confortável,tende a ajudá-lo a meditar por longos períodos e a entrar em um ambiente descontraído, onde você pode se concentrar e focar. Para aumentar a eficácia de sua meditação, você precisará tomar algumas medidas como:

Não coma muito ou muito pouco

Meditação requer sua total atenção. Infelizmente, quando seu estômago está cheio demais, seu corpo trabalha por horas para digerir o alimento. Você pode achar que seus sentidos se tornam mais difíceis de controlar e você sente a vontade de dormir. Este definitivamente não é um bom momento para meditar. Por outro lado, se você tentar meditar com o estômago vazio, você pode acabar parando devido à sua fome, especialmente se você está meditando por períodos mais longos. Portanto, você precisa evitar os dois extremos enquanto medita.

Crie uma atmosfera favorável

Algumas pessoas acham mais relaxante ter um ritual antes da meditação. Isso pode incluir fazer alterações no local em que elas estarão meditando. Você pode encontrar conforto em acender velas, aromas ardentes ou colocar música clássica suave. Você pode adicionar vasos de plantas a uma sala interna ou investir em uma cadeira de meditação que você mantém apenas para essa finalidade.

Fazer exercícios de aquecimento

Você precisa se alongar antes de se dedicar à meditação, especialmente se você passou muito tempo parado. Tenha em mente que a maioria das técnicas de meditação exigem que você fique parado por um tempo. Se você não esticou os músculos, pode não conseguir ficar parado, pois sentirá muito desconforto. Estique as várias partes de seu corpo - suas pernas, coxas, pescoço e ombros para ajudá-lo a soltar seus músculos e entrar em um estado relaxado.

Respire profundamente
Ao se preparar para a meditação, reserve alguns minutos para respirar fundo. Inspire profundamente e expire lentamente. Isso ajudará você a focar sua mente e relaxar os músculos do seu corpo. Isso colocará você em uma boa posição para começar a meditação. No entanto, quando você começar a meditar, você deve respirar como faz normalmente.

Comece com uma imagem ampla
Um dos principais requisitos da meditação, é que você se concentre em apenas uma coisa. No entanto, isso pode ser difícil de fazer se você está acostumado a um ambiente. Sua mente naturalmente tende a querer explorar e investigar o que está acontecendo em volta de você. Começar com uma imagem ampla ao invés de analisar um pequeno pedaço dela pode ser um bom começo. Isso funciona bem,

especialmente se você usar um objeto visual em sua meditação. Quando você usa um objeto visual, não comece concentrando-se nele diretamente. Em vez disso, observe o que está ao redor do objeto. Depois de terminar, concentre-se em seu objeto e deixe seus olhos focarem. Isso evitará que você se pergunte o que mais está nos arredores, pois você já olhou antes.

Crie divisões

Uma coisa que pode desencorajá-lo de meditar é se você constantemente perder seu foco enquanto medita. Normalmente, você começa a meditar e então algo surge em sua mente - uma emoção ou sentimento que tende a desequilibrá-lo. Quando isso acontecer, reconheça o sentimento; crie uma divisão mental com o nome deste sentimento e depois volte ao que você estava focando. Quando você faz isso, você está deixando sua mente saber que sim, você tomou nota do sentimento e arquivou-o para uma investigação mais aprofundada mais tarde.

Escreva seus pensamentos

À medida que você passa o dia, você se depara com situações que tendem a prejudicar suas emoções. Às vezes, quando algo acontece para incomodá-lo, você não é capaz de expressar seus sentimentos naquele momento em particular ou para aquela pessoa em particular. Os sentimentos, no entanto, podem aparecer mais tarde quando menos se espera. Isso pode acontecer quando você medita, assim, removendo sua atenção em seu ponto de foco. Entretanto, você pode evitar que os sentimentos assumam sua sessão de meditação, anotando-os de antemão. Escreva seus sentimentos no papel quando tiver uma chance e antes de sua sessão de meditação. Dessa forma, se os sentimentos vierem à tona enquanto você está meditando, você irá lembrar-se de que você já os anotou e irá vê-los mais tarde. Isso permitirá que você coloque seu foco de volta na meditação.

Crie seu próprio espaço de meditação

Ao escolher um local para a sua meditação, certifique-se de que é um local em que você pode continuar a usar sempre que quiser meditar. Se você estiver usando uma cadeira, certifique-se de sempre meditar no mesmo local, bem como usar essa cadeira como instrumento de meditação e nada mais. Isso treinará sua mente para associar essa cadeira à meditação e, portanto, sua mente estará preparada sempre que você se sentar naquela cadeira.

Dê a você mesmo o tempo necessário
Ao iniciar sua jornada de meditação, você poderá perceber que as coisas não estão indo como você pensava. Você pode descobrir que não está conseguindo meditar no tempo estipulado, ou que não está focando o suficiente. Não fique chateado consigo mesmo. Tenha em mente que o propósito da meditação é colocá-lo em um estado de espírito melhor, e ajudá-lo a relaxar e alcançar a paz interior. Dê a si mesmo tempo para se ajustar a meditação e continue assim, pois você obterá melhores resultados enquanto pratica.

Medite nos mesmos horários

Seria melhor você meditasse nos mesmos horários todos os dias. Dessa forma, a prática lentamente se tornará parte de sua rotina regular. Por exemplo, quando você acorda de manhã, pode tornar a meditação um hábito antes de começar o dia. Ao continuar fazendo isso, você começará a ver os resultados imediatos e os resultados a longo prazo da meditação.

Acalme-se antes de meditar
Às vezes, quando você quer meditar, especialmente à noite, você pode achar que está se sentindo estressado, cansado e provavelmente dolorido. Isso pode interferir na sua meditação, pois você estará cansado demais para se concentrar em uma coisa. Você pode tentar aliviar as dores do dia, tomando um banho quente. Você também pode deixar seus pés de molho (em água quente) para remover a dor que você sente. Uma vez que seu corpo relaxa, você pode ir em frente e começar sua rotina de meditação.

Evite beber e fumar antes da meditação
Algumas atividades como beber, fumar e assistir à televisão podem interferir na sua

meditação e devem ser evitadas se você quiser tirar o máximo proveito da meditação. Beber e fumar entorpecem os sentidos, enquanto a televisão mexe com as suas emoções bombardeando você com diferentes conteúdos em um curto período de tempo. A meditação requer sua total concentração e, portanto, qualquer coisa que interfira este momento, deve ser evitada.

Sem dúvidas, a meditação é um hábito maravilhoso de se cultivar. No entanto, você precisa criar hábitos diários como:

1. Entender a essência da meditação

Como já foi dito antes, a meditação não é uma moda passageira; é uma jornada que leva a um estado de consciência profunda. No entanto, como um iniciante, levará tempo até você entrar plenamente em sua consciência mais profunda. Os iogues e monges são bons em alcançar sua consciência mais profunda, porque eles praticam isso há anos. Portanto, no início de sua jornada, não se preocupe com a qualidade - apenas aproveite os resultados. À medida que a paz interior lava sua alma, você estará mais propenso a continuar sua jornada.

2. Ler livros que te inspiram

Todos podem fazer de tudo com inspiração em suas vidas. Ler histórias inspiradoras detalhando jornadas espirituais, pode permitir que você veja onde você está em sua própria jornada e para onde planeja ir. Ver o sucesso e a felicidade dos outros constrói a sua essência e coloca você em um estado de espírito melhor para ver as coisas claramente.

3. Cultivar hábitos de vida saudáveis

Se alguma coisa pode ajudá-lo a meditar melhor, é ter um estilo de vida saudável. Exercitando-se, comendo bem e dormindo o suficiente, você estará preparando seu corpo e sua mente para a meditação. Você será capaz de se concentrar por períodos mais longos e sua mente estará descansada o suficiente para se concentrar em uma coisa.

Conclusão

Muito pode ser dito sobre a meditação, mas o essencial é lembrar que nenhum caminho é o caminho certo quando se trata de meditação. Todas as técnicas que existem comprovam isso. E é por essa razão, que você deve experimentar as diferentes técnicas de meditação disponíveis e descobrir qual funciona melhor para você. Tenha em mente que uma técnica que funciona para o seu amigo ou membro da família, pode não funcionar para você. No entanto, ao começar sua jornada, comece devagar e aumente gradualmente o tempo. Aumentar seu tempo de meditação é como treinar para uma maratona. Um dia você começa com apenas um minuto e no próximo você aumenta o tempo para um minuto e meio e antes que você perceba, você estará nos vinte minutos recomendados pelos especialistas. Os benefícios da meditação são suficientes para mantê-lo interessado neste poderoso hábito. Abrace a meditação no seu dia-a-dia e deixe-a ajudá-lo a alcançar a paz interior, encontrar a verdadeira felicidade interior e libertar o seu verdadeiro potencial.

Finalmente, antes de você ir, eu quero dizer calorosamente "obrigado" do fundo do meu coração! Eu percebo que existem muitos e-books no mercado e você decidiu comprar este então sou eternamente grato por isso.

Parte 2

Introdução

Quero para agradecer e felicitá-lo por baixar o livro.

A meditação está rapidamente se tornando uma das formas mais populares e eficazes de relaxar sua mente e seu corpo e melhorar sua saúde. Neste livro, todo iniciante na prática encontrará algumas informações úteis sobre o assunto, além de algumas técnicas úteis para iniciá-las. Os capítulos seguintes darão informações sobre:

- Um breve histórico sobre a história e as origens da meditação;

- Apenas alguns dos benefícios mais imediatos da meditação em sua saúde;

- Passos nas técnicas de meditação mais fáceis e básicas;

- Passos na técnica mais tradicional de meditação do Tai Chi;

- Muito, muito mais!

Obrigado novamente por baixar este livro. Espero que você goste!

Capítulo 1: Uma Visão Geral da Meditação

Os desenvolvimentos tecnológicos no século anterior tornaram a realização de certas tarefas mais fáceis e rápidas. As pessoas agora conseguem realizar muitas coisas de uma só vez e na metade do tempo. No entanto, por mais estranho que pareça, toda essa produtividade frenética também resultou em mais e mais pessoas esgotadas no final de cada dia. A taxa em que os seres humanos desenvolvem doenças relacionadas ao estresse, como doenças cardiovasculares, hipertensão arterial e transtorno de ansiedade generalizada, também aumentou no último século, com muitos médicos atribuindo a tendência ao acúmulo de sentimentos não resolvidos de estresse e tensão em muitos.

Diante disso, muitos médicos aconselharam as pessoas a trabalhar para alcançar um melhor equilíbrio entre vida profissional e pessoal, dando aos seus corpos a chance de descansar e reabastecer as reservas de energia após um longo dia de trabalho. Além de tirar férias ocasionais e de ter horas suficientes de sono reparador todas as noites, alguns médicos também recomendaram seus pacientes esgotados para tentar praticar a meditação.

A meditação é simplesmente um processo pelo qual um indivíduo pode usar uma variedade de técnicas para treinar sua mente a se acalmar ou chegar a um estado desejado de consciência. Costumava ser associado a praticantes religiosos (por exemplo, budistas ou hindus em particular) cujo credo idealizava um estado de iluminação como o objetivo final. Hoje em dia, no entanto, mesmo pessoas não religiosas têm aproveitado os benefícios da meditação por diversas razões.

A palavra "meditação" vem de uma ampla gama de línguas antigas. Há o verbo latino "meditari", que significa "contemplar", enquanto os gregos antigos chamavam o processo de "melete", que significava "murmurar ou suspirar enquanto meditava". A última definição é especialmente relevante para uma prática de meditação, que envolve o indivíduo cantando uma palavra específica durante todo o processo.

Inicialmente, pensou-se que a meditação tivesse começado entre os primeiros praticantes do hinduísmo, onde meditar na luz divina de um deus ou deusa era uma parte crucial do processo de adoração. Por fim, à medida que a meditação era vista para aumentar a capacidade do homem primitivo de concentrar intensamente o pensamento ou a atenção, outras religiões, como o budismo e o taoísmo, gradualmente adotaram a prática calmante.

Como resultado, os primeiros defensores da meditação freqüentemente defendiam uma postura sentada relaxada e ereta, técnicas de respiração controladas e a repetição dos nomes dos deuses que eles adoravam como parte de suas respectivas técnicas meditativas. Os monges budistas eram conhecidos por incluir o uso de contas de oração de madeira durante a meditação como parte de seu treinamento, presumivelmente para rastrear algo ou como um lembrete de um princípio importante.

Hoje em dia, pouco mudou em relação ao processo tradicional de meditação, exceto pelos propósitos a que serve. Enquanto as pessoas não religiosas geralmente não murmuram orações durante a meditação, elas observam técnicas e posturas de respiração honradas pelo tempo. Além disso, uma vez que a meditação regular demonstrou ter um efeito positivo na saúde, ela também se tornou parte dos remédios alternativos prescritos a pacientes que precisam promover relaxamento no mínimo, precisam diminuir a pressão arterial.

Pesquisas médicas também mostraram que a meditação regular representa os seguintes benefícios de curto prazo para a saúde:

1. Baixa freqüência cardíaca e níveis de cortisol no sangue. (O corpo libera o hormônio cortisol para ajudá-lo a lidar melhor com o estresse)

2. Taxa de respiração mais lenta. Hiperventilação, ou respirações rápidas e superficiais, são freqüentemente sinais de estresse ou ansiedade e também podem ser um sinal de problemas cardiovasculares e/ou respiratórios.
3. Melhor circulação. O corpo é capaz de circular melhor seu suprimento de sangue e oxigênio porque menos tensão também resulta em menos nós ou acúmulo de gordura ou tecido que poderia impedir a circulação adequada.
4. Redução da ansiedade. As pessoas com transtorno de ansiedade generalizada frequentemente acham que estão menos preocupadas ou com menos problemas se puderem treinar suas mentes para se concentrarem nas coisas mais importantes (em comparação com o infinito pensamento sobre o que poderia dar

errado) através do processo de meditação.

5. Melhor qualidade de sono. A exposição prolongada ao estresse e ansiedade às vezes pode resultar em insônia ou noites sem dormir. A meditação não apenas alivia o estresse e a tensão, mas também permite que a pessoa desenvolva melhores habilidades respiratórias, o que, por sua vez, melhora a qualidade do sono.

Assim, este livro foi escrito como um guia para iniciantes que gostariam de se arriscar na meditação. Então, se você deseja desenvolver uma mente mais calma ou um senso de compaixão mais abundante ou se você está simplesmente buscando encontrar uma maneira alternativa de refrescar seu espírito depois de constantemente lutar contra as forças mais barulhentas do mundo exterior, os seguintes capítulos devem ser de alguma ajuda. Tudo o que você precisa fazer ,além de ler atentamente as páginas seguintes, é manter a mente aberta e colher os benefícios de algum tempo de silêncio necessário.

Capítulo 2: Dicas para Meditação Bem-Sucedida

Antes de começar a se instruir sobre as técnicas de meditação mais básicas, você pode se beneficiar de algumas das seguintes dicas para garantir que você obtenha o máximo de benefícios:

1.) Sempre use roupas limpas e confortáveis durante cada sessão de meditação. Idealmente, eles devem ser feitos de tecidos moles e não devem ser nem muito apertados nem muito soltos. Uma camiseta confortável combinada com calças de corrida é uma boaforma de começar.

2.) Desligue seus computadores e telefones celulares (ou coloque-os no modo silencioso) antes de iniciar a meditação. Dessa forma, você pode se concentrar melhor em sua meditação sem ser incomodado ou distraído por alertas de e-mail ou de chamadas dos seus dispositivos de comunicação.

1. 3) Escolha meditar em um momento que seja conveniente para você. Certifique-se de que a sua agenda escolhida para a meditação caia em um momento em que você não precisa estar ocupado com tarefas como trabalho ou tarefas domésticas. Melhor ainda, escolha um momento em que você provavelmente não será perturbado. Meditar durante as primeiras horas da madrugada, quando o sol está prestes a subir, ou ao pôr do sol, pouco antes do anoitecer, são todos momentos ideais.
3.) Encontre ou prepare um lugar tranquilo para o seu ritual de meditação. Você pode realmente meditar em qualquer lugar, mas um ambiente calmo e tranquilo é particularmente benéfico para uma sessão frutífera. Sentado em uma parte tranquila do seu quintal ou se instalar em uma aconchegante sala

privada, ambos são locais ideais para a meditação.

4.) Se puder, tente meditar cerca de duas horas após a última refeição. Meditar enquanto você está com fome pode fazer com que você se distraia com os pensamentos de comida enquanto medita imediatamente depois de comer, pode fazer você se sentir sonolento e lento (e pode até mesmo fazer você adormecer no meio do processo). Também seria aconselhável esvaziar a bexiga antes de meditar para que você não seja perturbado pelo desejo de ir ao banheiro.

5.) Mantenha um sorriso pequeno e calmo em seu rosto. Embora nossos sentimentos internos geralmente influenciam nossas expressões faciais, o inverso também é verdadeiro. Manter um sorriso plácido no rosto pode ajudá-lo a se sentir mais relaxado, em paz e contente durante a meditação.

6.) Comece sua sessão de meditação com alguns exercícios de alongamento. Isso não só relaxará mais seu corpo, mas também permitirá que ele mantenha uma posição sentada prolongada por muito mais tempo.
7.) Acomode-se em uma postura confortável antes da meditação. Você nem sempre precisa se sentar em uma posição de ioga, mas é importante manter a coluna ereta e o pescoço e os ombros em uma posição relaxada. Também é imperativo que você mantenha os olhos fechados durante todo o processo de meditação.
8.) Faça algumas respirações profundas. Inspire e expire lentamente, e depois repita isso por mais algumas vezes enquanto se acomoda. Isso o tornará mais consciente de sua respiração e pode ajudar a guiar sua mente em direção a um estado mais pacífico.

9.) No final da sessão de meditação, abra os olhos devagar e reserve um tempo para se acostumar ao ambiente. Se o fizer, irá prolongar o seu humor calmo e irá ajudá-lo a fazer uma transição muito mais suave de volta ao mundo real.

Capítulo 3: Técnicas Básicas de Meditação

Uma das razões mais populares pelas quais as pessoas praticam a meditação é melhorar seu foco ou melhorar sua atenção plena. Isso geralmente é feito libertando a mente de sua compulsão para se apegar ou distrair-se com eventos ou mistérios que são inevitáveis ou completamente desnecessários.

A seguir estão algumas das técnicas de meditação mais básicas que você pode tentar alcançar como meta:

Técnica de meditação básica

Esta técnica requer nada mais do que um lugar tranquilo para se sentar e meditar. Para embarcar na meditação básica, você precisa apenas seguir os seguintes passos:

1. Encontre um local calmo e tranquilo onde você possa se sentar confortavelmente. (Você pode até tentar deitar-se, se quiser, mas tenha em mente que isso pode fazer com que você adormeça.)

2. Quando estiver acomodado em uma posição confortável, respire fundo pelo

nariz e segure por alguns segundos. . Liberte sua respiração muito lentamente pela boca. Repita mais algumas vezes.

3. Feche os olhos e volte ao modo normal de respirar.

4. Preste atenção ao som da sua própria respiração e dos mecanismos pelos quais seu corpo passa para produzir cada respiração. Sinta a elevação de seus ombros, tórax, barriga e caixa torácica ao inspirar o ar e sinta sua descida ao soltar sua respiração.

5. Tente não controlar sua respiração, mas simplesmente treine sua mente para se concentrar nela. Se você encontrar sua mente vagando por outras coisas enquanto medita, direcione-a de volta para focar na entrada e saída da respiração em seu corpo.

6. Repita as duas etapas anteriores por até três minutos para começar. (Você pode configurar um temporizador para desligar antes de começar, se desejar.) Uma vez que sua mente esteja mais apta a se concentrar na respiração do seu corpo, você pode começar a aumentar gradualmente seu tempo de meditação.

Meditação da atenção plena

Enquanto a maioria dos exercícios ou técnicas básicas de meditação se concentra no relaxamento, esta é uma questão de ajudar um indivíduo a ser mais consciente do seu processo de pensamento. Em vez de se preocupar em julgar se cada pensamento é relevante, bom ou não, a meditação da atenção plena concentra-se apenas em como a sua mente forma juízos sobre seus próprios pensamentos. O processo para este tipo de técnica de meditação é o seguinte:

1. Encontre um local calmo e tranquilo onde você possa se sentar confortavelmente.

2. Uma vez que você esteja acomodado em uma posição confortável, respire fundo pelo nariz e segure por alguns segundos. Liberte sua respiração muito lentamente pela boca. Repita mais algumas vezes.

3. Feche os olhos e volte ao modo normal de respirar.

4. Ao contrário da primeira técnica de meditação, onde você é encorajado a se concentrar em sua respiração e evitar que sua mente vagueie, a meditação da atenção plena defende o oposto. Permita que sua mente vagueie e, em vez disso, preste muita atenção a cada pensamento que cruza sua mente. Em particular, observe como os padrões da sua mente são rápidos em

julgar os pensamentos ou experiências como desagradáveis ou agradáveis.

5. Tente olhar mais fundo para identificar por quê seus pensamentos conscientes consideram certas coisas ruins ou boas, e continuem até que sua mente reaja apenas com a quietude.

6. Para esta técnica de meditação, você pode começar a tentar por dez minutos, e gradualmente aumentar a duração à medida que sua mente se acostumar com o processo de pensamento inquisitivo. Como na técnica de meditação anterior, você pode configurar um cronômetro para ajudar a lembrá-lo da colocação do tempo.

Meditação com mantra
Esta técnica ajuda você a se concentrar em uma coisa em particular. A técnica de meditação mais básica, na qual você se concentra no corpo enquanto respira, é derivada disso, mas há outras variações

que você pode invocar também para diferentes propósitos. Estes incluem:

1. Meditando com um mantra. Se você estiver atualmente enfrentando uma situação estressante ou dolorosa em que precisa se lembrar de sua capacidade de superá-lo, escolha uma palavra ou uma frase curta para resmungar enquanto medita. O propósito dessa técnica é capacitar sua mente para focar e internalizar o significado da palavra ou frase escolhida, de modo que o seu subconsciente perceba e permita que você se comporte como se fosse inspirado por ela. Assim, ao meditar, treine sua mente para se concentrar na palavra ou frase enquanto a sussurra durante toda a sessão, e continue desviando seus pensamentos de volta a ela de acordo se achar que sua mente vagueia por outras coisas.

2. Focando em um objeto ou visão pacífica. Você pode optar por treinar a sua visão e o foco da sua mente em uma visão pacífica, como um horizonte calmo e adorável ou uma chama de vela luminosa. Essa técnica é particularmente útil se você deseja acalmar uma mente que foi submetida a pensamentos tumultuados recentemente.

3. Use as contas de um rosário enquanto medita. Se você é um católico praticante, pode também meditar com contas de rosário. Quietamente e solenemente murmurando suas preces em voz baixa e imaginando as palavras em sua cabeça enquanto mantém os olhos fechados, pode ajudar a manter sua mente calma e tranqüila e seus pensamentos focados.

Capítulo 4: Técnicas de Meditação Tai Chi

Outra forma básica de meditação que os iniciantes podem tentar é chamada de meditação tai chi. Originou-se como uma forma de artes marciais na China há cerca de mil anos, mas atualmente está em alta como uma forma de meditação tranquila. Muitos de seus praticantes modernos são chineses idosos que usam o exercício para reduzir seus níveis de estresse e melhorar sua saúde geral.

O que faz com que o Tai Chi seja um pouco diferente das técnicas de meditação mencionadas anteriormente é que ele geralmente é praticado em posição ereta e reta, e que às vezes pode envolver o uso de movimentos. É por isso que às vezes você pode ver praticantes de meditação de Tai Chi se movimentando em um espaço amplo e aberto como um parque.

Embora existam muitos DVDs ou aulas de meditação de Tai Chi que você pode se inscrever, ainda existem algumas técnicas que você pode praticar em casa e por conta própria. Estes incluem o seguinte:

Técnica de respiração Tai Chi

Isto é o mais básico, e pode ser praticado em praticamente qualquer posição. Tai Chi é tudo sobre a ingestão e liberação de energia vital através da respiração, então dominar a técnica de respiração é tão fácil quanto visualizar o ar que você toma de forma diferente.

Para praticar a técnica de respiração do Tai Chi, inspire profundamente e imagine que o oxigênio que você está inspirando é energia vital. Mantenha essa preciosa energia por alguns segundos, e então exale lentamente enquanto deixa sua mente visualizar que seu corpo está liberando a energia armazenada.

Técnica de meditação Tai Chi em pé

Uma postura ereta e reta é considerada a postura mais fundamental para as técnicas de meditação do Tai Chi. Embora você possa fazer essa técnica em qualquer lugar calmo ou quieto, é melhor praticá-la do lado de fora, preferencialmente em um jardim onde seus pés possam estar em contato com a grama ou a terra:

1. comece encontrando um local tranquilo onde você possa permaneça sem perturbações durante todo o processo de meditação.

2. Endireite a coluna e, em seguida, posicione os pés separados um do outro na largura dos ombros. Seus dedos dos pés devem estar apontando para frente, e seu pescoço e ombros devem estar relaxados. Lembre-se de manter os joelhos levemente flexionados e a cabeça erguida.

3. Respire lenta e profundamente, deixando que os pulmões se encham com todo esse oxigênio e sinta o peito e os ombros se elevarem gradualmente. Imagine que você está respirando energia vital preciosa e esteja ciente do estado de respiração do seu corpo. Após alguns segundos, liberte suavemente o ar pelas narinas,

visualizando o corpo liberando a energia mencionada.

4. Você pode optar por manter os olhos semicerrados ou mantê-los fechados enquanto encontra uma palavra, pensamento ou imagem para meditar. Se você deseja simplesmente acalmar ou relaxar sua mente e corpo, pode continuar a se concentrar em sua respiração, como fez no passo anterior.

5. Permita que sua mente visualize como seus pés estão ancorados na Terra e imagine como você está derivando energia dela com cada respiração que você recebe. Por outro lado, treine sua mente para visualizar seu corpo retornando essa energia para a Terra enquanto exala lentamente.

6. Repita o processo várias vezes durante o tempo que você precisar ou quiser, e então visualize a energia da Terra percorrendo todo o caminho até o seu

abdômen (a parte do corpo que os praticantes de Tai Chi consideram ser seu centro de energia). Além disso, tente imaginar que cada respiração que você expele também remove a energia tóxica ou negativa do seu corpo.

Movimentos de abertura e fechamento

Esta versão das técnicas de meditação de Tai Chi envolve o uso de certos movimentos ao inspirar e expirar. Os movimentos ajudam a fazer você se sentir mais no controle do seu corpo e também ajudam a coordenar seus padrões de respiração.

Alguns dos movimentos que você pode usar quando medita são os seguintes:

1. Cada vez que você inala, dê um passo à frente e, em seguida, puxe cuidadosamente as mãos em direções opostas. Ao expirar, dê um passo para trás e permita que as mãos se movam de volta uma para a outra, de modo que as pontas dos dedos possam se tocar.

2. Você também pode tentar estender seus braços do nível do peito, mantendo-os paralelos uns aos outros. Abaixe-os devagar e com cuidado, dobrando os cotovelos conforme necessário e mantendo as palmas das mãos abertas e voltadas para frente enquanto expira (você também pode acompanhar esse movimento dobrando levemente os joelhos). Ao inspirar, retorne gradualmente à posição inicial, levantando gentil e lentamente os braços até que os cotovelos não fiquem mais flexionados. Você também pode endireitar gradualmente os joelhos e as pernas ao voltar para a posição inicial.

Capítulo 5: Técnicas Modernas e Não Convencionais de Meditação

Como a meditação está sendo amplamente praticada, algumas técnicas não convencionais, mas ainda eficazes, foram desenvolvidas por praticantes não-religiosos. Uma vez que outra das funções da meditação é promover sentimentos positivos de perdão, compaixão e contentamento dentro de um indivíduo, essas novas técnicas de meditação foram desenvolvidas para se concentrar mais em tal objetivo.

Como o início da era digital resultou em muitas distrações que bombardeiam a população em geral a cada vez que se expõe, a mentalidade padrão é aquela em que você está fisicamente em um lugar, mas mentalmente em outro. Como resultado, muito poucas pessoas hoje em dia podem realmente dar sua atenção total e completa a um evento ou pessoa preciosa. As seguintes técnicas de meditação buscam reverter essa tendência treinando a mente para pensar diferentemente, como você observará:

Novas Experiências

Visões, sons ou experiências novas tendem a dar um tranco no cérebro para a plena atenção, da mesma maneira que você tende a prestar mais atenção a um amigo ou parente que você não vê há meses ou semanas em comparação a alguém que você encontra diariamente.

Assim, uma maneira não convencional de meditar é treinar sua mente para encontrar cada amigo ou membro da família como se você não os tivesse visto em meses (mesmo que você tivesse acabado de encontrá-los naquela manhã). Isso requer um pouco de prática, mas você pode recondicionar sua mente para ficar mais consciente e focado na interação, lembrando-se de que há apenas um número finito de vezes que você passará tempo com seu amigo ou parente. Dessa forma, cada interação se torna mais preciosa e essa nova realização fará com que seu cérebro volte a se concentrar na pessoa que está ali, em vez do trabalho que você deixou para trás no escritório ou nas tarefas esperando para ser feitas em casa.

Meditação de gratidão

Muitas vezes, as pessoas na era digital tendem a mudar rapidamente para o modo padrão, onde suas mentes acabam vagando enquanto realizam suas tarefas no piloto automático. Como resultado, eles tendem a se sentir desconectados do mundo, de outras pessoas e até de si mesmos. Para combater isso, você pode tentar praticar um exercício chamado meditação de gratidão. É melhor realizá-la nos primeiros momentos da manhã, antes que a sua mente comece a recitar a lista de coisas que você precisa realizar para o dia:

- ao acordar, ponha-se devagar na posição vertical (sentado ou em pé).

- Feche os olhos e pense na pessoa de quem mais gosta. (Essa pessoa pode estar morta ou viva.) Imagine o rosto dessa pessoa claramente, concentrando-se em detalhes como a cor de seus olhos e cabelos e sua expressão facial. Você também pode se concentrar na característica dessa pessoa pela qual você é particularmente grato.

- Ao se concentrar no rosto dessa pessoa, pense em todas as razões pelas quais você é grato por ter essa pessoa em sua vida.

- Você pode repetir os passos anteriores pensando em pessoas adicionais pelas quais você é grato. À medida que você se aperfeiçoa nesse exercício, pode perceber que é muito menos provável que você se distancie ao interagir com seus entes queridos e que comece a ficar mais presente quando estiver com eles.

Conclusão

O próximo passo agora é implementar o que você aprendeu e firmar o compromisso de fazer da meditação uma parte regular da sua vida, para que você possa alcançar uma forma mais equilibrada e satisfatória.

Obrigado novamente por baixar este livro!

Espero que este livro tenha sido capaz de ajudá-lo a encontrar a paz interior e começar a viver uma vida livre de estresse.